AF299430

# ÉLOGE

DE

## M. JEAN-LOUIS-PAUL

# DE RANCILLAC DE CHAZELLES

MEMBRE DE L'ACADÉMIE DES SCIENCES, BELLES-LETTRES ET ARTS DE CLERMONT,

LU DANS LA SÉANCE ACADÉMIQUE DU 4 MAI 1858,

PAR

## P. AIGUEPERSE

MEMBRE DE LA MÊME ACADÉMIE.

## CLERMONT,

IMPRIMERIE DE FERDINAND THIBAUD, LIBRAIRE,

Rue Saint-Genès, 10.

1858.

# ÉLOGE

DE

## M. Jean-Louis-Paul DE RANCILLAC DE CHAZELLES

MEMBRE DE L'ACADÉMIE DES SCIENCES, BELLES-LETTRES ET ARTS
DE CLERMONT,

Lu dans la séance académique du 4 mai 1858.

MESSIEURS ,

On a beau répéter, à chaque homme aimé qui tombe sous la faux de la mort, que, les uns plus tôt, les autres plus tard, nous devons tous subir la destinée commune , aboutir à la tombe, cette consolation banale ne rend personne insensible à la perte d'un père, d'une sœur, d'un ami, d'une épouse adorée ; confidents sincères du cœur, les regrets et les larmes les accompagnent toujours au delà du seuil de l'éternité. Le seul adoucissement à porter en cette circonstance à la douleur, est de montrer dans le champ de la vie de celui qui n'est plus, les larges sillons qu'y ont tracés ses vertus, ses bienfaits ou ses talents.

Messieurs, c'est la tâche que je viens aujourd'hui remplir auprès de vous, en racontant ce qu'a été comme militaire, comme homme privé et comme écrivain, l'honorable collègue que nous nous étions empressés d'admettre dans le sein de cette Académie, et qui, à peine, hélas! a eu le temps d'y marquer sa place.

Je ne me le dissimule pas, M. Paul de Chazelles aurait trouvé ici, pour le louer, une bouche plus éloquente que la mienne; mais, lié depuis vingt ans d'amitié avec lui, souvent admis dans ses confidences intimes, associé à quelques-uns de ses travaux politiques et littéraires, j'ai cru, malgré l'infériorité de mes talents, devoir réclamer ce privilége. Puissent ces dernières considérations, Messieurs, si elles ne détruisent et ne font pas oublier les défauts du panégyriste, lui acquérir au moins votre indulgence.

M. Paul de Chazelles fit une triste mais solennelle entrée dans la vie : il naquit au château de Vigouroux (Cantal), lorsque l'orage révolutionnaire grondait à l'horizon de la France et menaçait de substituer à la vieille nation, chancelante sur ses bases, une nation régénérée dans le sang! C'était vers la fin de l'année 1791. Son père, d'une noblesse déjà ancienne, et dont la plupart des ancêtres avaient dignement rempli des emplois élevés dans l'Etat, ne put avoir le bonheur de lui donner ses soins, de l'entourer de ses caresses, de jouir de son sourire. Un des premiers inscrits sur la liste de la *coalition d'Auvergne,* il s'empressa d'aller joindre l'armée que les princes organisaient à quelques pas de la France. Messieurs, je n'ai ici ni à louer, ni à blâmer l'émigration, fut-elle un bien ou fut-elle un mal, je laisse à d'autres à le décider. Quoi qu'il en soit, dans le but d'empêcher l'explosion du cataclysme social, de sauver à la fois le trône et l'autel, et d'échapper eux-mêmes à une mort certaine, les frères de Louis XVI et les descendants du grand Condé firent un appel à la noblesse, et cette noblesse chevaleresque crut de son devoir et de son honneur d'aller se ranger sous le drapeau de la patrie levé sur la frontière ; car, à leurs yeux, il ne flottait alors en France que celui de l'insurrection.

Enfant, M. Paul de Chazelles fut donc bercé par le souffle révolutionnaire, mais il n'en fut point emporté, protégé qu'il était par la reconnaissance des habitants des montagnes sur lesquels sa famille avait de tout temps versé des trésors de bienfaisance et de charité. Il vécut et grandit ainsi, durant plusieurs années, entre la crainte et l'espérance, sous les ailes de sa courageuse et pieuse mère, de l'illustre maison de Lastic, qui, outre un grand maître de Malte, a produit divers hommes célèbres, et il apprit d'elle à lire et à écrire, à aimer Dieu et le prochain, à marcher dans les voies de la sagesse et de la vertu.

Lorsqu'enfin Bonaparte, fort de son génie et de sa gloire, eut du pommeau de son épée imposé silence aux factions, qu'il fut permis à la France de respirer, aux prêtres d'annoncer la parole sainte, à la jeunesse d'entrer dans les écoles pour s'y instruire,

M. Paul de Chazelles fut envoyé au collége de Juilly, restitué aux Oratoriens, et là, élève studieux et soumis, malgré la turbulence de son âge et de son caractère, il sut se faire aimer de ses maîtres et de ses condisciples, dont quelques-uns acquirent plus tard de la célébrité. Parmi eux se trouva le plus illustre de nos orateurs modernes, Berryer, avec lequel il n'a jamais cessé d'entretenir les relations les plus intimes.

Après avoir terminé ses études scolaires, Paul de Chazelles se vit soumis à de rudes épreuves, il lui fallut prendre un parti, faire choix d'un état, ce qui n'était pas alors chose facile, car, quoique Bonaparte eût rendu de grands services à la France, et que son aigle triomphante eût reposé son aile sur toutes les capitales de l'Europe, il ne passait pas moins pour un usurpateur aux yeux des familles restées fidèles à la vieille branche de nos rois, et ces familles cherchaient à lui soustraire leurs enfants en les éloignant de l'armée et de tout emploi public. Le jeune élève de Juilly eut donc à compter avec ses parents; en vain le bruit du canon annonçant chaque jour des victoires, la vue de braves bronzés par le soleil ou noircis par la poudre des batailles imposaient-ils une trève aux sentiments qu'on lui avait inspirés pour les Bourbons; en vain désirait-il embrasser le métier des armes dont il ambitionnait la gloire et les périls; on le destina à une carrière moins dangereuse, il fut envoyé à Paris pour s'y livrer à l'étude du droit.

Mais, ô instabilité des choses d'ici-bas ! à peine le disciple de Thémis avait-il jeté les yeux sur la première page du Digeste, qu'il dut divorcer avec les maîtres de la jurisprudence. La guerre d'Espagne venait de dévorer nos meilleures troupes; près de six cent mille hommes et un matériel immense avaient disparu sous les neiges de la froide Russie ou dans les flots de la Bérésina; l'Europe, jusque-là tremblante et à genoux, se montrait fière et formidable, et se disposait à nous attaquer. Pour faire face à ce péril et se relever de ses défaites, Bonaparte appela sous les armes les jeunes gens, qui, à force de sacrifices, avaient échappé à la conscription, et il en forma une garde d'honneur. M. Paul de Chazelles fut désigné par le département du Cantal pour y être enrôlé, et il fit, en 1813, la campagne d'Allemagne, se trouva à la bataille d'Haneau, où il se distingua et devint successivement, dans le courant de la même année, maréchal-des-logis et sous-lieutenant. Rentré en France avec son régiment, il fit la campagne de l'hiver 1814, pendant laquelle il fut élevé au grade de lieutenant; il combattit à la bataille de Montereau et y fut décoré de la Légion-d'Honneur.

Ce brillant début d'un jeune homme de vingt-un ans dans la carrière militaire lui sembla être l'horoscope de son avenir, aussi se promit-il de ne jamais troquer son épée de soldat contre la robe de jurisconsulte, et, quand après une lutte héroïque la France fut envahie par l'Europe coalisée, offrit-il ses services à Louis XVIII, remonté sur le trône de ses pères. Il entra d'abord, en 1814, dans les chevau-légers de la maison du roi, et puis, à la formation de la garde royale, en 1815, il fit partie du régiment de dragons, avec le grade de lieutenant, et y devint, en 1821, capitaine adjudant-major.

L'intervention de la France en Espagne, qui eut lieu en 1823, fut pour M. de Chazelles une nouvelle occasion de se distinguer. Placé dans le régiment de dragons de la garde royale et du corps d'armée sous le commandement immédiat du duc d'Angoulême, il prit part à toutes les affaires importantes de cette guerre, dont le résultat fut de replacer Ferdinand VII sur le trône et d'étouffer une insurrection qui compromettait le repos de l'Europe entière. Il se conduisit partout avec bravoure et se fit aimer et estimer de ses chefs par l'aménité de son caractère, par la variété de ses connaissances, par une grande régularité dans son service, par son obligeance envers les soldats sous ses ordres qui avaient recours à lui.

Si le séjour de M. de Chazelles en Espagne lui fut profitable sous le rapport militaire, il le fut aussi par la culture de son esprit. Observateur attentif et éclairé, il ne se contenta pas, comme beaucoup d'autres, de parcourir le sol Ibérique d'un œil et d'un cœur indifférents ; tout en en admirant les beaux sites,

les riantes vallées, les forêts immenses, les produc-
tions diverses, le soleil radieux et le ciel pur, il en
apprit l'histoire, il en étudia la langue, les mœurs,
les usages ; il en visita les monuments mauresques et
romains, les curiosités naturelles, les objets d'art.
Que ne puis-je, Messieurs, vous redire ici les récits
qu'il faisait souvent de ses excursions à travers diverses parties de cette contrée ? Je vous décrirais le
combat de taureaux, les danses, les jeux, les coutumes du Catalan et du Navarrais, les merveilles de
l'Allhambra, les Alcazars de Tolède et de Séville,
quelques-uns des chefs-d'œuvre de Vélasquez et de
Murillo ; à des épisodes de la tente et du bivouac, se
mêleraient des aventures de cloîtres ou de posodas ; le
burlesque et le bizarre succéderaient à des scènes tra-
giques. A la table du pauvre comme à celle du riche,
à la ville et dans le hameau, M. de Chazelles enri-
chissait toujours sa mémoire de faits curieux et inté-
ressants, dont trente ans après il conservait encore
le souvenir.

De retour en France, en 1824, M. de Chazelles
épousa M$^{lle}$ de Guérines, qui comptait parmi ses ancêtres un grand nombre de personnages distingués,
une religieuse, auteur de divers ouvrages de piété, au
commencement du xvi$^e$ siècle ; un algébriste, ami
de Rolle, son compatriote ; un écrivain à qui cette
Académie doit principalement l'éloge de plusieurs de
ses membres, un maréchal-de-camp et un évêque.

Par cette alliance il acceptait un héritage d'illustra-
tions scientifiques et littéraires qu'il crut de son honneur et de son devoir de transmettre à ses descendants, embelli et agrandi par ses propres travaux. On
ne saurait douter que cela ne fût du moins pour lui
un puissant motif d'émulation et ne doublât cette ardeur et ce goût qu'il avait déjà manifesté pour l'é-
tude. Je vous l'ai déjà dit, Messieurs, dans le tu-
multe des camps comme dans le séjour paisible de
la garnison, il chercha toujours à cultiver son esprit,
à étendre ses connaissances. Les belles-lettres étaient
à la fois un aliment à son activité insatiable et un dé-
lassement dans ses heures de loisir.

En 1826, M. de Chazelles quitta la garde royale
pour entrer dans l'état-major comme capitaine, et il
fut en cette qualité employé en 1825 au camp de
Lunéville où il apporta toujours le même esprit d'ordre, la même activité, le même dévouement à son
devoir ; attaché ensuite à la 19e division militaire, il
devint aide-de-camp du général de Sainte-Suzanne,
commandant le département du Puy-de-Dôme. Il
remplissait ces fonctions lorsque éclata la révolution
de 1830. Je pourrais ici, Messieurs, me livrant à des
considérations politiques, vous signaler les causes et
les conséquences de cette révolution, établir par qui
et au profit de quels hommes elle fut faite, mais ras-
surez-vous, je resterai dans les limites que me tra-
cent les statuts de notre Académie et me bornerai à

vous dire qu'elle offrit à notre collègue l'occasion de montrer son courage, sa prudence, sa probité et sa foi politique. Vous savez qu'à Clermont, comme dans presque toutes les villes du royaume, la nouvelle du triomphe de l'insurrection parisienne fut acclamée par des manifestations bruyantes; la population excitée s'émut, des rassemblements nombreux, hostiles, eurent lieu, une collision paraissait imminente entre la troupe et les habitants. M. de Chazelles, enfant du pays, se servit de son influence, de ses relations, de l'ascendant de son nom et de son grade pour éviter l'effusion du sang, et il fut assez heureux pour réussir. Ce fut là le dernier, mais aussi le plus éclatant service qu'il rendit comme soldat. La révolution ayant porté Louis-Philippe sur le trône de son cousin, fidèle à son roi légitime, fidèle à son serment, il brisa son épée et donna sa démission.

Telle est, Messieurs, la vie militaire de notre collègue ; j'aurais pu la raconter plus longuement et avec moins de simplicité, mais les faits m'ont paru parler assez d'eux-mêmes sans les parer des ornements du style, sans les couvrir des phrases sonores et trop souvent menteuses du rhéteur.

Quoique moins agitée et moins épisodique, celle de l'homme privé n'est dénuée ni d'intérêt, ni de mérite. Après 1830, M. de Chazelles chercha une occupation utile à son pays et à lui-même. Il se retira près de Chanonat, dans sa belle propriété de Bar, où il dirigea l'éducation de ses enfants, et partagea son temps entre la culture des lettres, et celle plus prosaïque de la vigne, des arbres fruitiers, des champs et des prairies. Quelques années suffirent au soldat intelligent pour devenir un agronome distingué ; par l'emploi de nouvelles méthodes consacrées par l'expérience, par des plantations multipliées, par une exploitation, en un mot, bien entendue de ses biens ruraux, il parvint à la fois à accroître ses revenus, à exciter l'émulation de son voisinage, à donner du travail à une nombreuse classe ouvrière et à exercer autour de lui la bienfaisance et la charité.

Ce ne furent pas là, Messieurs, les seules occupations auxquelles M. de Chazelles se livra, ni les seuls services qu'il rendit à son pays. L'arbitre et le conseiller gratuit des familles qui avaient recours à lui, il éteignit de longues haines, il fit cesser des procès ruineux, il obtint parfois justice de griefs faussement imputés, il procura des emplois à des hommes qui bénissent aujourd'hui sa mémoire. Appelé à prendre part, en qualité de conseiller municipal de Chauriat, à toutes les affaires de cette commune, il y apporta un zèle et un soin qui devinrent profitables à ses concitoyens ; il provoqua et fit souvent adopter des mesures utiles sur les chemins vicinaux, sur l'instruction primaire, sur la répartition des impôts. La restauration de l'église de Chauriat, classée par ses instances et sur ses sollicitations au nombre des monuments historiques, est son œuvre; il en dirigea et il en surveilla lui-même les travaux avec une activité et une générosité qui ne se démentirent pas un instant. Il en fut de même pour l'établissement d'une maison de sœurs hospitalières du *Bon-Pasteur;* voyages, démarches, prières, dépenses de toute nature, rien ne lui coûta pour aplanir les difficultés, pour vaincre les obstacles qui s'opposaient à ses projets.

Messieurs, vous avez tous connu M. de Chazelles, la plupart d'entre vous ont été admis dans son intimité, que me reste-t-il donc à vous dire que vous ne sachiez de sa vie de chaque jour? Fils respectueux, époux fidèle, père tendre, il fit le charme et le bonheur d'une famille au sein de laquelle ne s'éleva jamais le moindre de ces nuages qui corrodent l'âme, flétrissent le cœur, empoisonnent l'existence. Dans la société, il était gai, bon, affable, communicatif, toujours prêt à rendre service. Exempt de haine et de jalousie, il méconnut la médisance et méprisa l'intrigue. Malgré sa vivacité naturelle, il ne s'emporta jamais jusqu'à la colère; l'orage un moment élevé dans son cœur y était aussitôt refoulé par la raison. En qui trouva-t-on plus de dévouement dans l'amitié, plus de loyauté et de franchise dans les paroles et dans les actes, une piété plus solide et mieux entendue, une promptitude plus grande à répondre aux appels faits par l'infortuné à sa bourse? Personne ne l'ignore : essentiellement charitable, il était de tou-

tes les associations qui tendent à améliorer le sort
des classes pauvres, à adoucir les souffrances de
l'âme et du corps ; aussi son nom était-il devenu po-
pulaire et jouissait-il de l'estime et de la considéra-
tion générale.

En vous parlant, Messieurs, de la bienfaisance et
de la charité de notre collègue, puis-je oublier une
circonstance exceptionnelle où il les exerça sans ré-
serve, avec un zèle et une activité au-dessus de tout
éloge. Lorsqu'en 1839, après la trahison de Ma-
roto, les fidèles soldats de Don Carlos, jusque-là
triomphants, furent forcés, à la suite de leur roi, de
se réfugier en France, trois cent soixante généraux,
intendants, colonels, officiers et soldats, arrivèrent à
Clermont en plein hiver, dénués de tout, sans ar-
gent, sans chaussures, sans d'autres habits que ceux
troués par les balles ennemies, ou mis en lambeaux
par les fatigues d'une longue route ; pour vêtir, loger,
nourrir et chauffer ces malheureux, il fallait éveiller
les sympathies des âmes compatissantes et généreu-
ses, il fallait recueillir, il fallait organiser des se-
cours. En dehors du pouvoir il fut formé un comité,
dont M. de Chazelles devint l'âme et la vie. Quoique l'un des aides et des témoins dans la tâche la-
borieuse et pénible qu'il s'était imposée et qu'il rem-
plit pendant dix-huit mois, il m'est impossible de
vous dire ce qu'il déploya de persévérance, de modé-
ration, d'équité, dans la répartition des dons en ar-

gent, en bois, en habillements, qui affluaient de toutes parts. Tant d'efforts, de générosité et de dévouement ne restèrent pas sans récompense ; instruit de tout ce qu'avait fait **M**. de Chazelles pour ses compagnons d'armes et d'exil, Don Carlos manifesta le désir de le voir à Bourges, où il était détenu prisonnier ; il l'accueillit avec la plus grande bienveillance et lui accorda la croix d'Isabelle-la-Catholique.

Aux titres acquis par **M**. de Chazelles dans la carrière militaire et dans la vie civile, viennent encore, Messieurs, s'ajouter ceux de l'écrivain. Dès l'enfance, notre collègue aima les lettres et les cultiva ; ses goûts le portèrent surtout vers l'étude de notre histoire locale. Auvergnat par le cœur autant que par la naissance, il prenait le plus grand intérêt à tout ce qui se rattache à notre province ; il en recherchait avec ardeur les titres, il s'en appropriait les documents inédits en les copiant ; il recueillait les légendes, les traditions populaires, les vieilles coutumes de nos pères, leurs mœurs, leurs préjugés ; il étudiait notre idiome patois dans ses étymologies, ses nuances, ses analogies, ses différentes acceptions. Vies des grands hommes, fondations pieuses, état du commerce, de l'agriculture et de l'industrie, antiquités gauloises, romaines, du moyen-âge, monuments, curiosités naturelles, il voulait tout connaître, ne rester étranger à rien sur l'Auvergne. Chose rare pourtant, il

n'avait aucune prétention littéraire, aussi n'était-il
ni jaloux ni avare de ses trésors amassés ; il mettait
autant d'empressement à les communiquer qu'à les
recueillir, et, il est probable qu'il ne les aurait jamais
livrés à l'impression sans la circonstance qui le força,
pour ainsi dire, à le faire.

M. de Ribier du Châtelet, que notre Académie
comptait parmi ses membres correspondants, venait
de mourir, laissant manuscrite et inachevée une nouvelle édition du *Dictionnaire statistique du Cantal*.
Pour ne pas priver l'Auvergne d'un ouvrage dont
l'utilité et l'importance étaient reconnus de tout le
monde, et pour lequel son auteur avait sacrifié qua-
rante années de sa vie et des sommes considérables,
on forma, à Aurillac, une commission chargée de
trouver les moyens de le retoucher, de le compléter
et de le publier. M. de Chazelles, dont on connaissait
à la fois le zèle éprouvé, l'amour pour son pays et la
nature de ses travaux, dut naturellement en faire
partie. Je ne crains pas de le dire, sans lui, le *Dictionnaire statistique du Cantal* n'aurait pas vu le
jour. Il ne se borna pas à aplanir les difficultés, à
surmonter les obstacles qui s'étaient soulevés pour
cette publication dans l'ordre matériel, il recueillit,
il imposa des souscriptions ; il organisa le service de
l'imprimerie, du transport et de la distribution des
livraisons ; il chargea des hommes spéciaux de remplir les lacunes qui existaient dans le travail de M. de

Ribier, donnant à l'un à traiter la géologie, à l'autre les eaux thermales, à celui-ci l'administration judiciaire, à celui-là le caractère et les mœurs des habitants ; il s'était réservé pour lui seul de revoir, de compléter, de refondre les communes des arrondisments de Saint-Flour, de Murat et quelques-unes de celui d'Aurillac. Vous savez tous, Messieurs, comment il s'est acquitté de cette dernière tâche ; vous avez lu ses articles sur l'idiome auvergnat, sur les villes de Saint-Flour, de Murat, de Massiac et sur d'autres localités importantes ; ne prouvent-ils pas tous un travail consciencieux, de longues et de savantes recherches ? Hélas ! c'est à un travail incessant, à des veilles immodérées, à des préoccupations de chaque jour, que M. de Chazelles a contracté le germe du mal qui l'a conduit au tombeau.

Outre les nombreux articles fournis dans le *Dictionnaire statistique du Cantal*, et beaucoup d'autres publiés dans la *Gazette d'Auvergne* et dans l'*Union provinciale* pour la défense de ses principes politiques et de la religion attaquée, M. de Chazelles a encore laissé manuscrits de vieilles chroniques, des notes et des dissertations sur plusieurs sujets de l'histoire de notre province, un *Essai sur les religions établies en Auvergne*, et principalement la *Généalogie historique* de l'ancienne et illustre maison de Lastic, à laquelle il tenait par sa mère. Ces divers écrits respirent tous un patriotisme ardent, ils annoncent une âme pure, une conscience droite, des idées saines et justes. Sans doute, sous le rapport littéraire, ils ne défient pas la critique, ils manquent de quelques-unes de ces qualités qui distinguent le grand écrivain ; on y trouve çà et là des phrases languissantes, des constructions vicieuses, des transitions trop brusques, des incorrections de style, mais on pardonne aisément ces défauts à l'homme qui écrivait avec son cœur plutôt qu'avec sa plume, qui s'attachait plus au fond qu'à la forme, aux choses et aux idées plus qu'à la manière de les exprimer.

Je m'arrête, Messieurs, je craindrais, en ajoutant quelques lignes encore à cette notice déjà trop longue de fatiguer votre attention et de diminuer par là l'intérêt que vous portez à l'homme qui en est l'objet. Du reste, n'avez-vous pas jugé avant moi du mérite de M. de Chazelles, n'avez-vous pas apprécié ses vertus, ses talents, et ne lui en avez-vous pas rendu un éclatant hommage ? Son meilleur éloge vous l'avez fait vous-mêmes, vous l'avez admis par des votes presque unanimes dans le sein de cette Académie, quand il avait pour concurrent un de nos professeurs les plus distingués. Qui de nous pensait alors que l'on aurait, deux mois après, à déplorer sa perte ? Nous étions tous fiers et heureux de son triomphe ; nous nous réjouissions de le voir grossir cette phalange de travailleurs qui portent chacun leur pierre à l'édifice élevé à la gloire de notre province.

Hélas ! à peine nous avait-il adressé ses remercî-
ments d'usage, nous avait-il donné la promesse de
joindre ses efforts aux nôtres, qu'une mort imprévue
vint l'enlever au monde, aux lettres, à sa famille,
à ses amis. La douleur à cette nouvelle fut partout
vive et profonde : vous me chargeâtes, Messieurs,
d'en être auprès de vous l'interprète ; si je suis resté
au-dessous de ma tâche, c'est à la faiblesse de mes
talents et non à la mémoire du cœur qu'il faut l'attri-
buer.

Clermont, impr. de Ferdinand Thibaud.

34

9 782019 176761